SOCIALISME

ET

LIBERTÉ

PAR

M. E. BRÉMOND

AVOCAT

Conseiller Général, ancien Sous-Préfet

PRIX : 50 CENTIMES

A MARSEILLE
A LA LIBRAIRIE MARSEILLAISE
34, Rue Paradis, 34

1881

SOCIALISME

ET

LIBERTÉ

PAR

M. E. BRÉMOND

AVOCAT

Conseiller Général, ancien Sous-Préfet

PRIX : 50 CENTIMES

A MARSEILLE

A LA LIBRAIRIE MARSEILLAISE

34, Rue Paradis, 34

—

1881

MON CHER AMI, (1)

Ce que vous m'écrivez m'étonne. Comment peut-il se faire qu'à quelques lieues d'Aix, avec les facilités de communication que je connais, on ne sache pas mieux ce que vous avez fait pour la démocratie. Je suis heureux de joindre mon témoignage à ceux de vos amis et je ne crois pas qu'il se trouve un habitant d'Aix qui ose dire le moindre mot contre vous.

Nous avons suivi, c'est le cas de dire, jour par jour votre vie politique et la démocratie Aixoise n'a jamais eu rien à vous reprocher.

Lorsque vous fûtes nommé sous-préfet en 1848 par Ledru-Rollin, vous sûtes si bien diriger l'arrondissement que lors des évènements de juin il n'y eut pas même une arrestation. La réaction vous destitua pour vous envoyer à Marseille Conseiller de préfecture et lorsque vous fûtes obligé de revenir à Aix après la nomination de Bonaparte, vous reprîtes votre métier d'avocat, et, je puis le dire, la direction du parti républicain. Nous n'avons pas oublié que vous avez toujours plaidé, et cela gratuitement, dans les procès politiques qui figu-

(1) Mes amis m'ont demandé une note sur les évènements politiques auxquels j'avais pris part ; j'ai préféré la faire faire et signer par un ami. E. B.

raient à cette époque à chaque session de la Cour d'Assises.

Dans toutes les communes de l'arrondissement on ne connaissait que vous et lorsque vint le coup d'État vous avez su bravement faire votre devoir. Après avoir attendu deux jours le mot d'ordre de Marseille, nous partîmes pour les Basses-Alpes. Arrêtés au pont de Pertuis, notre petite colonne fut obligée de se disperser, chacun alla où il put, moi à Alleins, vous à Rognes, chez le docteur Meynier ; vous eûtes la bonne idée d'aller ensuite vous cacher en Camargue, tandis que je rentrai dans Aix où je fus arrêté. Nous avons été tous les deux en février condamnés par la Commission mixte à la surveillance de la haute police à perpétuité. Deux ans après il plut à M. Bonaparte de nous grâcier et vous pûtes reprendre votre incessante propagande ; à chaque élection, les républicains essayaient leurs forces et c'est pour avoir fait de l'opposition en 1857 à la nomination de M. Rigaud que vous fûtes arrêté de nouveau en 1858.

Nous avons tous applaudi à la fermeté que vous avez su montrer en refusant de donner aucune indication sur l'organisation républicaine qui existait à cette époque dans l'arrondissement tout entier et à l'adresse avec laquelle vous avez su tromper nos ennemis, sortir de prison et délivrer ainsi de tout souci ceux qui craignaient de partager votre sort. Le pauvre Meynier ne put être sauvé, seul de l'arrondissement il partit pour l'Afrique, mais son amitié pour vous, à son retour, amitié qui s'est continuée même après sa mort, puisqu'il vous a légué le soin de veiller sur sa fille et sur sa veuve prouve qu'il savait comme nous tout ce que vous aviez fait pour le parti.

A dater de ce moment, nous vous avons vu vous mêler à toutes nos tentatives républicaines ou socialistes. Vous avez dirigé toutes les sociétés coopératives et les associations des ouvriers chapeliers qui ont même, il m'en souvient, voulu vous en récompenser en vous faisant un cadeau qui fut l'occasion d'une petite fête parmi nous.

Lorsque le Gouvernement fit un semblant d'appel à la volonté nationale, seul, de tous les républicains d'Aix, vous avez osé parler dans une réunion publique, entre nos deux vénérés Esquiros et Gaston Crémieux, et cependant vous étiez en ce moment porté sur la liste des suspects.

En 1870, vous avez été Conseiller municipal à Aix et chef du Comité de défense de l'arrondissement. J'ai su depuis que vous aviez été Conseiller Municipal à Marseille et Conseiller général. Vos nouveaux compatriotes ont dû vous apprécier. Que dirai-je de plus, mon cher ami ; veuf en 1854, vous avez élevé vos enfants dans les sentiments que vous aviez toujours professés et vous avez perdu une succession d'un oncle clérical pour n'avoir pas voulu aller à la messe. Quatre cent mille francs auraient cependant tenté bien des hommes ; mais nous sommes, mon vieil ami, de ceux qui ne savent pas se courber.

Vous pouvez faire de ma lettre l'usage que vous voudrez, et si elle ne devait pas avoir assez de poids, dites à Brissac, à Cartier, à Mme veuve Meynier de la signer avec moi; ils pourraient donner plus de détails parce qu'ils ont eu peut-être plus de relations avec vous, mais ils n'auront certainement pas plus d'estime que votre toujours affectionné.

JOSEPH MOREAU,

Ancien marchand de vins à l'Abattoir.

SOCIALISME & LIBERTÉ

Dans son livre de la propriété, M. Thiers a dit : je ne nie pas le mal qui existe dans la société actuelle, comme dans toute autre ; je le connais et il me navre le cœur lorsqu'il s'offre à moi sous la forme de ces malheureux ouvriers ou de leurs femmes tendant la main pour obtenir la subsistance qu'une perturbation profonde leur a ravie.

Puis s'adressant à ceux qui, sous le nom de socialistes, cherchent, avec persévérance, les moyens de porter remède à ce mal qui lui navre le cœur il ajoute : je les supplie de croire que dans mon jugement sur leurs systèmes, il n'entre pas la moindre rancune contre leur personne, mais une incurable aversion pour la déraison orgueilleuse, stérile et perturbatrice.

Le mal existe donc, a dit celui qu'on a appelé un Grand homme d'État, mais il n'y pas de remède.

Le mal n'existe pas, il n'y a pas de question sociale, il n'est pas besoin de remède, a dit son continuateur, Grand homme d'État comme lui.

Heureusement d'autres hommes ont bien voulu étudier sérieusement le problème social, ils ont signalé d'une manière indiscutable, les vices de l'organisation actuelle et ont préparé, avec un art incomparable, des systèmes qui ont eu la gloire de passionner l'opinion publique.

En France il est vrai, où sont nés les premiers et peut-être les plus célèbres socialistes de notre époque, aucune application pratique n'a pu réussir d'une manière satifaisante, il faut en convenir. Mais des essais ont été tentés, des études sérieuses ont été faites ; les questions les plus ardues deviennent familières ; on n'oserait plus dire aujourd'hui que l'association est absolument inadmissible en agriculture ; on n'oserait plus faire l'éloge de l'échelle mobile ou de l'impôt sur la consommation.

Chez nos voisins comme chez nous, des hommes de bonne volonté se sont préoccupés des souffrances que la grande industrie et la grande propriété font peser sur la classe ouvrière. En Angleterre, Stuart Mill, en Amérique, Carey, en Allemagne, Karl Marx Schulze, Lassalle ont comme nos socialistes français étudié le mal, et ont osé prendre à partie la société actuelle pour demander le développement physique,intellectuel et moral de tous les hommes, la France a remis au peuple le pouvoir politique par le suffrage universel ;

L'Angleterre a fait de la liberté individuelle un dogme inattaquable, l'Allemagne nous a donné les hommes à l'esprit revenu et profond, l'Amérique nous fournit la preuve de ce que peut la libre expansion des facultés humaines.

Partout le problème est posé ; il est reconnu par tous les grands penseurs du siècle. La question grossit chaque jour avec la grande industrie, avec la grande exploitation agricole et manufacturière ; la lutte entre le capital et le travail devient chaque jour plus intense.

Le capital, (argent, terre, outils, instrument,) tient sous sa dépendance le travail ; en d'autres termes le capitaliste a dans sa main le sort du travailleur, mais le capital dit-on ne peut rien sans le travail et par conséquent les deux termes de la proposition sont à égalité de rapport. Cela n'est pas juste, car si le capitaliste ne peut rien produire sans le travailleur, il peut s'arrêter et vivre de son propre fonds ou des intérêts de ce fonds;

le travailleur ne peut s'arrêter, il faut qu'il meure de faim ou qu'il demande l'aumône.

Cette situation violente peut-elle disparaître d'un seul coup ? cet état peut-il au moins être amélioré ? Chaque homme de bonne volonté doit du moins y consacrer ses études et son temps. Pour nous, nous croyons qu'il faudrait avant tout concilier le Socialisme avec la liberté, faire de la liberté un moyen pour obtenir les réformes que demande tout républicain sincère et dévoué.

Le gouvernement républicain en France, néglige la liberté et proclame pompeusement l'égalité devant la loi. Si la liberté manque, qu'importe l'égalité. L'égalité dans l'esclavage est un mal et non un bien, et si notre liberté n'est pas garantie d'une manière absolue, si nous sommes exploités par quelqu'un ou par quelques uns, comment pourrons-nous obtenir ce résultat final, le bien-être de tous. Il est reconnu que la souveraineté réside dans le peuple; le peuple doit donc être le seul maître et il ne lui est pas permis d'abdiquer cette souveraineté soit entre les mains d'un homme, soit entre les mains de plusieurs ; soit pour toujours, soit pour un temps déterminé. S'il délègue sa souveraineté il y renonce pour un temps, il se donne des maîtres, il cesse d'être souverain, il cesse d'être libre.

Malheureusement toutes les théories préconisées jusqu'à ce jour dans l'intérêt du peuple lui-même ont pris pour point de départ ce principe : le peuple ne sait pas faire ses affaires lui-même, il faut que quelqu'un les fasse pour lui.

Sous l'ancien régime, alors que le roi était le représentant de Dieu sur la terre, à Rome où le pape était infaillible, aucune objection n'était possible ; la souveraineté venait d'une autorité supérieure et il fallait admettre sans contrôle celle d'un Philippe II ou d'un Charles IX, la sainteté d'Alexandre Borgia, comme les catholiques admettent les miracles de Lourdes et de la Salette. Mais aujourd'hui, lorsqu'en France nous entendons tous les partis faire appel au peuple, il faut bien reconnaitre qu'il est maître, et qui dit maître dit libre.

Qnel est le premier devoir du peuple souverain? C'est de faire la Constitution, c'est-à-dire de distribuer et de régler l'exercice de ses propres pouvoirs en conservant toujours sa souveraineté de fait. Un peuple qui abdique sa souveraineté devient esclave, un peuple qui la délègue est bien près de l'être. La souveraineté, la liberté, voilà deux choses qu'on ne peut ni remettre ni aliéner. Malheureusement en France les idées ont de la peine à faire leur chemin. Quelle que soit son injustice, une loi ne blesse qu'un certain nombre d'individus. Les autres sont indifférents. Il faut qu'un nombre illimité de maris aient tué leurs femmes, que pas mal de femmes aient tué leurs maris, pour que le législateur ait seulement prêté l'oreille aux journalistes, littérateurs, écrivains, maris et femmes qui réclamaient contre l'indissolubilité du mariage et demandaient le divorce. Encore la loi n'a-t-elle eu d'autre honneur que celui d'avoir été discutée

Aussi lorsque les républicains demandent la liberté, le Parlement, qui a la prétention d'être à la France de 1881 ce que le roi de France était à la France de 1681, répond : « J ai une mission providentielle à accomplir, « l'Etat c'est moi et toute limitation de mes pouvoirs « serait un obstacle à l'accomplissement des desseins « de la Providence. »

Il en résulte que réclamer la liberté pour le peuple et l'exercice de son droit de souveraineté c'est désavouer le parlement, conspirer contre la grandeur de la France, faire le jeu des bonapartistes et des royalistes. Les députés et les sénateurs qui se figurent être les délégataires de la souveraineté du peuple déclarent que cette souveraineté ne périclitera pas entre leurs mains et pour la conserver ils commencent par l'escamoter à leur profit. Le peuple doit toujours avoir présente à la mémoire la fameuse loi du 31 mai 1849, il doit surtout apprendre et ne jamais oublier que le gouvernement représentatif n'est pas le gouvernement républicain. Tous les jours nous voyons les journaux nous répéter cette phrase : Cela est de tradition dans le gouvernement parlementaire; soit. Mais alors retournons à la monarchie de Juillet, disons que le gouvernement est composé d'un roi, d'une Chambre des pairs et d'une Chambre des députés ; disons comme en Angleterre, que le gouvernement est le résultat de la pondération de trois pouvoirs indépendants les uns des autres, mais ne disons pas que nous avons une organisation républicaine. Le gouvernement d'un peuple libre n'est pas une représentation parlementaire, c'est le gouvernement du peuple par le peuple : le pouvoir ne se délègue pas et l'art. 35 de la déclaration des Droits de l'Homme publiée en tête de la Constitution de 1793 portait ceci :

« Quand le gouvernement viole les droits du peuple, « l'insurrection est pour le peuple et pour chaque portion du peuple le plus sacré des droits et le plus « indispensable des devoirs. »

Si donc le peuple est souverain il doit être libre, et cette liberté amènera des modifications considérables dans les institutions politiques. Nous aurons à voir plus tard quel pourra en être le résultat au point de vue des institutions sociales.

LA LIBERTÉ

J'ai bien souvent entendu dire : le peuple est souverain, et il exerce sa souveraineté par le bulletin de vote. Pourquoi des émeutes, n'avons-nous pas le bulletin de vote ? M. Engelhard,le disait au Conseil municipal de Paris, les journaux le répètent chaque jour ; c'est un beau texte à amplification pour tous les orateurs du gouvernement opportuniste et parlementaire. Malheureusement ce n'est là qu'un de ces lieux communs, avec lesquels on parvient à tromper le plus souvent la masse populaire.

Ce bulletin de vote est entre les mains de chaque citoyen une arme inerte,inutile, si on fait autour de lui le vide, si on ne lui donne pas les moyens de faire la propagande en faveur de l'idée, pour laquelle on lui défend de faire une manifestation ou une émeute. Le bulletin de vote n'est une puissance que par le nombre ; le peuple ne vaut que par la masse. Une minorité d'électeurs veut demander une réforme un changement à la Constitution ; l'idée de cette minorité est bonne et doit prévaloir un jour, que faire ? La liberté de la presse n'existe pas, il faut pour publier un journal constituer des capitaux, déposer un cautionnement, obtenir une autorisation ou tout au moins faire une déclaration, respecter les pouvoirs établis, obéir enfin à une foule de restriction qui ne permettent pas d'exposer librement cette idée, de réclamer cette réforme.

Attaquer dans un journal un des pouvoirs de l'Etat, quel crime abominable ! Il est encore bien moins possible de faire de la politique ou de la propagande dans des réunions affranchies de toute surveillance. La réunion privée doit être tenue dans un lieu clos et couvert,

La réunion publique, ne peut s'organiser sans une déclaration faite à la préfecture, et sans la présence d'un Commissaire de police qui peut dresser procès-verbal et dissoudre l'assemblée. Nous ne connaissons pas d'autre moyen de répandre la pensée que la parole et l'écriture, l'une et l'autre nous font défaut; il ne nous reste que l'émeute et la manifestation. C'est ce qui arrive même sous le gouvernement républicain. Lorsque la vapeur est comprimée dans la chaudière, la chaudière fait explosion. Lorsque le peuple que nous avons appelé à la vie politique ne peut pas faire entendre sa voix, il éclate et vous dit : le gouvernement provisoire nous avait donné le bulletin de vote avec la liberté de la presse et le droit de réunion. On ne nous a laissé que le droit de vote ; mais ce droit nous l'avions conservé sous l'empire ; il est vrai qu'il nous avait enlevé le droit de réunion et la liberté de la presse, mais la république de 1875, nous les a-t-elle rendus ? sommes-nous plus libres d'exercer notre souveraineté que nous ne l'étions sous l'empire ? Les mêmes lois nous gênent et nous oppriment. Nous avons notre bulletin de vote entre les mains, mais nous ne savons qu'en faire. Les journaux ne peuvent parler, et la loi nous donne 20 jours de période électorale. Voilà comment on enserre le peuple souverain, voilà comment *on a organisé* la liberté. Qui a réglé toutes ces choses, qui a muselé le lion populaire? est-ce un Despote, un Louis XIV, un Napoléon ? Non, ce sont les représentants du peuple, les délégués du peuple, ceux qu'il avait chargés de faire ses affaires, ceux qui avaient, en 1869, accepté les programmes des comités radicaux.

Ces hommes, Gambetta, Jules Ferry et autres doivent bien rire de la naïveté de ce peuple souverain, de ce peuple libre qu'ils tiennent à la lisière et à qui ils se contentent de venir demander, tous les 4 ans, le renouvellement de leur mandat, en lui disant une fois : nous sommes 363, il faut que vous acceptiez toutes nos candidatures, parce que si le faisceau était un jour rompu nous ne répondrions pas du salut du pays; une autre fois nous sommes les véritables représentants du parlementarisme, nous sommes les seuls capables de sauver la république menacée par les socialistes et soyez-en certains le drapeau que vous nous confiez ne s'abaissera jamais dans nos mains, nous le jurons devant le peuple souverain.

Malheureusement le lendemain le candidat radical élu est devenu souverain et libre, et le peuple attend pendant quatre ans qu'on veuille bien lui donner quelques minutes de cette souveraineté et de cette liberté que,de par la loi, il va être obligé de déléguer encore une fois et ainsi toujours. Les délégués du peuple sont souverains pendant 4 ans et le peuple reprend sa souveraineté pendant 20 jours qui lui sont nécessaires pour se chercher de nouveaux maîtres. Voilà ce qu'on appelle la république parlementaire et opportuniste.

Le 1er mars 1873, M. Gambetta disait à la tribune : Pour nous la république ne doit pas être un leurre ; et cependant il a permis un jour, à son journal la *République française,* de répondre à des journaux qui réclamaient la liberté : on nous parle de liberté, il y a longtemps que nous connaissons cette *guitare.* Si la liberté est pour les républicains opportunistes une *guitare* que pensent-ils de la souveraineté du peuple ? ils la nient comme ils nient la liberté ; pour nous, nous allons essayer de démontrer comment nous entendons cette liberté au point de vue politique d'abord, au point de vue social ensuite.

Avant tout nous demandons la liberté individuelle, la liberté de la personne qui ne nous a jamais été garantie. Il existe dans nos lois une institution terrible, celle des juges d'instruction et nous ne nous en occupons guère, parce que nous imitons tous ce citoyen qui disait : que m'importe, je n'ai jamais eu affaire avec eux. Mais il est bon nombre de républicains qui, pour leur malheur, ont eu à faire avec les juges d'instruction de l'empire. On ne réfléchit pas assez sur ce pouvoir despotique qui permet à un homme d'emprisonner, de tenir au secret pendant un temps plus ou moins long, d'interroger, de torturer moralement sans contrôle, sans publicité un malheureux dénoncé quelquefois pour le fait le plus injuste. Un juge d'instruction à qui on demandait un jour pourquoi il gardait en prison un détenu depuis plus de trois mois, répondait : je n'ai pas encore trouvé contre lui des preuves suffisantes. Le grand inquisiteur n'aurait pas mieux dit. Ainsi il existe en France des magistrats qui ont le droit de décerner des mandats de comparution, des mandats d'amener, des mandats d'arrêt sans encourir aucune responsabilité, sans que le prévenu puisse demander un défenseur, sans qu'il puisse voir les membres de sa famille, préparer ses moyens de défense, démentir ses accusateurs. L'art. 96 de la Constitution de 1793 instituait un jury d'accusation et un jury de jugement ; il ajoutait l'instruction est publique. C'est la première garantie de la liberté des citoyens. L'instruction secrète rappelle les tribunaux de l'inquisition, les justices seigneuriales, la torture, et de nos jours les commissions mixtes, les conseils de guerre, les cours prévôtales. L'art. 97 disait ensuite, les juges criminels sont élus tous les ans par les assemblées électorales.

Publicité de l'instruction, nomination des juges criminels par le suffrage universel ; voilà les deux principes que tout électeur radical doit placer en tête de son programme. Tant que nous n'aurons pas obtenu cette double garantie, nous serons dans la main de tout despote qui voudra mettre nos lois au service de ses caprices ambitieux et criminels. Notre code d'instruction criminelle est tellement inquisitorial que fort heureusement la plupart des juges n'osent pas en user et se laissent guider par leur conscience ; mais nous avons traversé bien des moments néfastes, et qui peut nous répondre que le gouvernement parlementaire ne fera pas apparaître un second seize mai.

Nous laissons de côté la liberté de conscience ; depuis près de trois siècles la lutte est engagée entre Rome et la libre-pensée, quand se terminera-t-elle ? Non pas avec l'application de décrets dérisoires qui chassent les jésuites d'un côté et les laissent rentrer de l'autre ; tous les couvents sont rouverts et le siège de Frigolet est devenu d'autant plus ridicule que les moines chassés par la force célèbrent au grand bonheur des dévots de Tarascon les grandes cérémonies de la Fête-Dieu sur les collines de leur couvent ; mais il faut reconnaître que pour cela, du moins, le gouvernement ne nous oblige pas. Laissons les églises désertes, écartons-en nos femmes et nos enfants, et puisque rien ne nous force à payer des naissances, des enterrements ou des mariages, contentons-nous de demander au gouvernement de ne plus gaspiller les fonds du budget en payant un culte qui n'est plus le culte de la France républicaine. Chaque citoyen paie son avocat et son médecin, quand il en a besoin, qu'il paie son curé ou son ministre, l'Etat n'a rien à y voir.

Mais, si nous avons tant bien que mal conquis par trois cents ans de souffrances, la liberté de penser, nous n'avons pas conquis la liberté de manifester notre pensée. Au temps du premier empire, il existait un journal, l'*Officiel*, qui ne donnait que les nouvelles que le gouvernement lui permettait d'imprimer. En 1815 la restauration avait promis la suppression des droits réunis, la suppression de la conscription, la liberté de la presse ; elle nous donna les contributions indirectes, le recrutement et les jésuites. La monarchie de juillet crut faire beaucoup en diminuant le cautionnement des journaux, qui ne sait avec quelle fureur les tribunaux de l'époque contribuèrent à museler la pensée par la presse et les amendes. Le second empire mit tous les journaux dans la main du gouvernement par la nécessité de l'autorisation et la suppression par voie administrative. La république parlementaire nous promet depuis dix ans une loi pour la liberté de la presse. Nous l'attendons encore.

Il est cependant bien facile de dire : toutes les lois qui portent atteinte à la liberté de la presse sont supprimées. Dans le projet de code pénal redigé en 1831 aux Etats-Unis par le célèbre criminaliste Livingstone, se trouvait un livre VIII ayant pour titre *des infractions contre la liberté de la presse*. Une amende énorme était prononcée contre tout fonctionnaire qui entravait l'impression ou la publication d'un écrit quelconque. La république des Etats-Unis a-t-elle jamais été mise en péril par l'exercice de ce droit concédé à tous les citoyens de répandre et de publier la pensée? Nos députés ne font des lois que pour restreindre le droit naturel qui est la liberté, et les tribunaux nous appliquent encore les lois de la restauration et de l'empire. Singulière république que la république opportuniste !

Les habitudes, les usages amènent des besoins nouveaux ; la participation aux affaires, l'exercice du suffrage universel forcent les hommes à se réunir plus souvent, en plus grand nombre. Bien vite l'empire fait une loi sur le droit de réunion, non pas pour en consacrer l'exercice, mais pour gêner et restreindre une loi naturelle s'il en fût. Nous ne parlons pas des réunions privées. Chaque homme peut réunir ses amis chez lui accidentellement et pour un but de plaisir. Nous voulons parler des réunions publiques. Remarquons que toutes les fois que la police veut, elle transforme la réunion privée en réunion publique par un procès-verbal que l'autorité judiciaire confirme toujours.

Le droit de réunion, dit l'exposé des motifs de la loi de 1868, n'est pas contesté en principe mais il manquait de sûretés légales sans lesquelles il n'y a pas de *véritables libertés*. En conséquence, les réunions publiques *non politiques* peuvent avoir lieu sans autorisation, mais à la condition que la réunion sera précédée d'une déclaration signée par sept personnes domiciliées dans la commune, désignant le local, le jour et l'heure de la séance, et l'objet spécial et déterminé de la réunion, qu'elle n'aura lieu que trois jours après le récépissé du préfet dans un lieu clos et couvert, et qu'elle ne pourra se prolonger au delà de l'heure fixée pour la fermeture des lieux publics.

Chaque réunion doit avoir un bureau composé d'un président et de deux assesseurs au moins, chargée de maintenir l'ordre et de défendre la discussion de toute question étrangère à l'objet de la réunion ; un fonctionnaire de l'ordre administratif et judiciaire délégué par l'administration, peut assister à la séance revêtu de ses insignes, avec le droit de dissoudre l'assemblée et de dresser procès-verbal.

Il semble que c'est là une liberté suffisamment entourée de sûretés légales et les citoyens sont bien difficiles s'ils se plaignent de n'être pas assez protégés.

Voilà comment l'Empereur Napoléon III comprenait la liberté de réunion et depuis 1870 l'assemblée nationale républicaine nous prépare une nouvelle loi pour le droit de réunion qui ne diffèrera pas beaucoup de celle dont nous venons de donner l'analyse. On se demande avec étonnement comment et pourquoi il est nécessaire qu'un agent de l'autorité assiste à une réunion dans laquelle on discutera des questions scientifiques ou sociales. Quant aux questions politiques, elles ne peuvent être abordées qu'avec l'autorisation de l'administration. Comment alors, discuter des projets sur lesquels le peuple voudrait donner des instructions à ses mandataires. Car il ne faut jamais l'oublier, le sénateur, le député ne sont que des représentants chargés d'exécuter les volontés du peuple souverain. Comment demander compte à un délégué qui, nommé sur une profession de foi républicaine démocratique, va siéger à la Chambre au centre droit ; nous en avons vu. En ce cas la volonté du peuple disparait devant la volonté de celui qu'il a chargé de ses affaires et sa souveraineté s'abaisse devant celle du préfet qui ne lui permet pas de se réunir même pour discuter les actes de son représentant.

Sommes-nous trop exigeants lorsque nous demandons le droit d'association, et les lois actuelles que nos députés trouvent excellentes, puisqu'ils n'en font pas d'autres, sont-elles de nature à contenter une population démocratique ?

Sous l'ancienne monarchie, les institutions favorisaient la Constitution et la conservation des grandes propriétés territoriales. Le paysan ne pouvait posséder, on lui concédait seulement les baux emphytéotiques (de 99 ans). Mais le droit seigneurial existait toujours, même sur la terre engagée. Nulle terre sans seigneur, voilà le principe. Les lois de la Révolution ont aboli les droits seigneuriaux, permis la propriété à tous, divisé les terres ; la grande propriété seigneuriale a disparu.

Mais comme nous l'avons déjà dit, autre temps autres mœurs, si nous n'avons plus la grande propriété seigneuriale, la seule qui offusquait nos pères, nous avons la grande propriété industrielle, et ici le problème se pose en sens inverse pour ainsi dire. Il a suffi de diviser la seigneurie pour la détruire, il n'est pas possible de diviser les grands établissements industriels parce que ce serait détruire la fortune du pays au grand avantage des pays voisins.

En attendant que l'on puisse appliquer d'autres remèdes à ce mal qui pèse surtout sur la classe des travailleurs des villes, il en est un qui s'offre de suite à l'idée de tout homme qui raisonne. Les plus grandes créations industrielles sont dues moins à un homme qu'à une association. Pourquoi l'association est-elle permise aux uns et défendue aux autres ? Pourquoi a-t-on, par les lois sur les successions et les partages, divisé la terre au profit du campagnard-cultivateur, et ne veut-on pas faire des lois pour permettre à l'ouvrier de s'associer pour résister à l'envahissement de la grande industrie ? Cette liberté d'association qui aura dans l'avenir une portée considérable et que nous examinerons plus à fond lorsque nous traiterons du Socialisme, pouvons-nous dire que la loi de 1867 l'a donnée aux ouvriers, et Napoléon III n'a-t-il pas fait à cette occasion ce qu'il a fait en 1868 pour le droit de réunion ?

Au lieu de reconnaître le droit en principe, il s'est contenté de joindre à la loi du 24 juillet 1867 sur les sociétés, un titre III qu'il a intitulé : *Dispositions particulières aux Sociétés à Capital variable.* C'est ce que les socialistes appellent *Sociétés coopératives.* Mais il faut beaucoup d'intelligence pour découvrir dans les six articles dont se compose ce titre III, les Sociétés Coopératives de consommation, de production et de crédit qui fleurissent en Allemagne et auxquelles l'exposé des motifs de la loi prétend se rapporter, alors que la loi allemande ne comprend pas moins de 73 articles et règle avec soin les rapports juridiques de toutes les sociétés ouvrières. La loi française se borne à permettre l'augmentation du capital et l'admission de membres nouveaux, mais à la condition que le capital social ne pourra pas dépasser 200.000 fr. et ne pourra être augmenté que d'année en année, les actions ne peuvent être de moins de 50 fr. et la société ne sera constituée qu'après le versement du dixième. L'associé sera libre de se retirer quand il le jugera convenable en restant tenu envers ses associés et les tiers pendant 5 ans. La Société sera valablement représentée en justice par ses administrateurs, mais elle sera soumise pour sa formation à toutes les dispositions relatives aux Sociétés commerciales contenues soit dans la loi du 24 juillet, soit dans le code de Commerce.

Si c'est là la liberté d'association, il faut reconnaître qu'il est difficile de mieux gêner l'exercice de ce droit. Les grandes associations industrielles sont protégées contre les associations ouvrières, et comme nous l'expliquerons plus loin, le Capital argent domine de toute sa hauteur le Capital travail. La liberté d'association est donc un leurre, pour employer l'expression de M. Gambetta, comme la liberté de réunion, et la liberté de la presse ; que nous reste-t-il donc ? que nous a donné la république parlementaire ? Rien. Et cependant si nous employons une formule déjà ancienne, que demandons-nous ? Tout.

Ainsi donc, au point de vue politique nous demandons une chose, la liberté. Sans elle la République, perdant son caractère universel, irait, en dégénérant, se perdre dans l'oubli de l'histoire comme ses devancières. M. Thiers a dit : la République sera opportuniste ou elle ne sera pas ; nous disons : la République sera démocratique ou elle disparaîtra peu à peu et deviendra la proie d'un despote habile ou audacieux.

SOCIALISME

Les socialistes français prennent en général pour point de départ l'idée de justice, et dès lors ils sont appelés à créer un idéal de société parfaite tel que chacun d'entr'eux le conçoit. Leur critique est nette, ils ont connu le mal, ils l'ont signalé, et font montre, dans leurs systèmes, de la générosité de leurs sentiments, de leur profond amour de l'humanité, Proudhon, qui vint battre en brèche tous ces systèmes avec son scepticisme socialiste, n'a fait que détruire et n'a su rien mettre à la place de ce qu'il appelait des rêveries; il a eu sur le socialisme français une influence fâcheuse et n'a rien produit. Il démolit la propriété individuelle et ne la remplace par rien ; il invoque la révolution qui détruit et jamais la révolution qui fonde. Les socialistes allemands sont bien autrement forts et sincères ; ils ont subordonné leur rationalisme à l'expérience et veulent procéder du connu à l'inconnu. C'est au moins une méthode basée sur de solides études, sur des développements historiques, sur les intérêts généraux de l'humanité, sur les intérêts particuliers de la classe ouvrière.

Nous n'avons pas l'intention d'énumérer ici le Saint-Simonisme et le phalanstère, non plus que le communisme et le système collectiviste. Cette étude nous conduirait trop loin, nous ne voulons dire qu'un mot de la méthode allemande avant d'aborder notre sujet, les rapports du socialisme et de la liberté.

La méthode historique a cela de bon, qu'elle est claire, qu'elle s'appuie sur des données sûres et connues et qu'elle arrive à des conséquences nettes ; seulement ces conséquences ne sont pas toujours justes parce que l'esprit humain marche et que le progrès n'est pas toujours d'accord avec les enseignements du passé. L'étude du passé éclaire l'avenir mais ne le gouverne pas. On y trouve d'utiles enseignements mais pas toujours une voie droite et certaine et c'est pour n'avoir pas voulu comprendre cette loi que les socialistes allemands n'ont pas su concilier le socialisme avec la liberté, et, comme leurs prédécesseurs français, ont fini par faire fausse route.

« Toutes les sociétés, dit le programme commu-
« niste de 1847, présenté par Marx et Engels, ont eu
« un caractère commun, la lutte des classes. Les
« révolutions ont changé les conditions de cette lutte
« mais ne l'ont pas supprimée. La bourgeoisie a rem-
« placé le seigneur féodal qui avait remplacé le
« patricien romain ; le prolétariat moderne a succédé
« au servage qui lui-même avait succédé à l'esclavage
« antique ; mais toujours on trouve l'oppression par
« la classe dominante de la classe inférieure, oppres-
« sion acharnée et constante, et en dernier lieu
« aggravée par l'abus de la liberté politique et de la
« liberté économique ; de là la production des valeurs
« d'échanges, production sans limites, sans règle,
« sans mesure, qui enrégimente des millions de tra-
« vailleurs qu'à un moment donné elle laisse en proie
« au chômage et décimés par la faim.

« La petite industrie a été brisée par la grande
« production ; il faut que celle-ci disparaisse à son
« tour. C'est la mission providentielle du prolétariat
« que les socialistes allemands appellent le quatrième
« État : il doit prendre la dictature, socialiser les
« capitaux, assurer à chacun le développement de
« toutes ses facultés ; mettre l'humanité dans la voie
« de la justice et du bonheur, en organisant la lutte
« contre le capitalisme et en s'emparant du pouvoir
« politique, soit par la voie légale soit par la voie
« révolutionnaire. »

Ce programme, clair, net et précis, a été répandu dans l'Allemagne où il a fait de nombreux prosélytes, mais il n'a pas eu le même succès en France. Le pouvoir dictatorial nous effraye, depuis un siècle nous sommes habitués à faire des révolutions au cri de vive la liberté, depuis un siècle nous demandons la liberté de la presse, la liberté de réunion. la liberté d'association ; personne ne soulèvera la France s'il réclame même pour le bonheur commun, le pouvoir souverain au nom d'un homme ou au nom d'un parti.

Depuis quelques années nous constatons un grand mouvement en faveur de l'instruction du peuple. Les Communes créent des écoles, le Gouvernement fait des lois et vote des crédits, les particuliers, bourgeois ou autres, versent des fonds, les ouvriers eux-mêmes se cotisent. Certes c'est une bonne chose que d'apprendre à lire, écrire et compter aux enfants des travailleurs. Cela permettra de faire plus facilement l'éducation de la génération future ; mais en attendant, ne faudrait-il pas faire celle des ouvriers actuels. Il y a une grande différence entre cette instruction primaire qu'on veut donner à tous et ce qui s'appelle l'éducation, qui est, à proprement parler, la science nécessaire pour se conduire dans le monde suivant sa position, ses aptitudes, ses facultés. La classe bourgeoise dominante en ce moment a très bien compris cette distinction, les travailleurs ne la comprendront que lorsqu'ils seront poussés par la nécessité.

Quand le bourgeois ou négociant a complété l'instruction de ses enfants, il leur donne l'éducation soit en les plaçant dans la boutique de leur père, soit dans une école spéciale, soit en en faisant des surnuméraires qui apprennent le commerce, la valeur de l'argent, la spéculation, tout ce qui peut dans l'avenir leur préparer une position ; il les forme à la lutte que tout homme doit soutenir au milieu du choc des intérêts, de l'entraînement des passions et des concurrences. Le bourgeois est spéculateur, il apprend la spéculation et l'enseigne à ses enfants ; il cherche, il étudie, il perfectionne cet art du négoce, de la concurrence, de la lutte constante des intérêts. Il met une âpreté sans exemple à améliorer sa position, il cherche à s'élever, à pousser ses enfants, il a une furie individuelle d'ambition.

L'ouvrier n'entend rien à la spéculation, il est producteur, il gagne peu, et c'est tout au plus s'il lui est possible d'envoyer son enfant à l'école communale. Son défaut d'instruction lui rend plus pénible l'éducation qu'il devrait avoir au point de vue de ses intérêts et de sa position dans le mouvement industriel ; il se laisse facilement entraîner ; après un travail abrutissant de plusieurs jours il est amené sans peine à chercher les jouissances matérielles du cabaret ; avant tout il voudrait obtenir un travail assuré et il n'a jamais su faire les démarches nécessaires pour y parvenir. L'ouvrier fera des grèves, souffrira, verra souffrir sa femme et ses enfants pour obtenir un salaire de cinq francs par jour, il ne fera rien pour obtenir d'être payé à mois comme le petit employé qui ne gagne que quatre francs et dont il envie le sort à cause de sa sécurité.

Si les ouvriers font une grève ils ne savent pas choisir le moment où le patron sera obligé de céder par l'encombrement de marchandises, surtout ils ne savent pas se solidariser et s'entendre pour que le patron ne trouve pas d'ouvriers en remplacement de ceux qui le quittent. Pour cela il faut d'une part, ne faire que des réclamations raisonnables et juger les bénéfices du patron. Il faut donc créer un centre qui se rende compte des bénéfices et des nécessités. Il faut que tous les ouvriers qu'on voudrait appeler élèvent les mêmes prétentions. Nous ne prétendons dire ici tout ce que les travailleurs doivent faire, ce que nous voulons faire comprendre, c'est qu'en dehors de l'instruction primaire que l'Etat ou les Communes s'efforcent de leur assurer ils doivent encore apprendre autre chose. C'est ce qu'elle appelle l'éducation par opposition à l'instruction. Cette éducation l'ouvrier devrait l'apprendre dans des chambres syndicales, dans des cercles, dans des lieux de réunion en provoquant des conférences, des causeries, des études faites le plus souvent par quelques ouvriers instruits, par quelques hommes de bonne volonté ; non pas des conférences de mots et de phrases à effet mais des causeries d'affaires. Certes il faut que tous les français apprennent les lois politiques de leur pays; mais il faut aussi que chacun apprenne ce dont il a besoin dans sa sphère et dans sa spécialité. On a créé dans quelques écoles des cours d'adultes, pourquoi ne pourrait-on pas créer des cours professionnels mis à la portée de tous les ouvriers, des cours dans lesquels on enseignerait non seulement le métier mais encore les avantages et les bénéfices que l'ouvrier peut retirer d'une organisation meilleure, d'une invention nouvelle ? Pourquoi ne pas faire naître chez eux l'émulation à ce double point de vue de l'instruction et du bien-être ? Quand la classe bourgeoise a pris la haute main dans les affaires, c'est qu'elle était préparée depuis longtemps, elle avait l'instruction, elle avait peu à peu pénétré dans toutes les administrations, elle avait surtout le sentiment de son intérêt et elle marchait à la réalisation de son œuvre, à l'encontre d'une classe nobilière imprévoyante et qui, aux Etats Généraux de 1789, se trouva inférieure en talent, en popularité, en esprit de conduite. Aujourd'hui, si le prolétariat veut lutter contre la classe bourgeoise il faut qu'il prouve non pas seulement qu'il est opprimé mais qu'il fera mieux que ceux qu'il veut remplacer, qu'il a plus de talent, plus de popularité, qu'il apportera une organisation meilleure.

Le patricien romain avait trouvé son origine dans la conquête et le vol à main armée, le seigneur féodal, le noble était à peu près dans le même cas. La division entre le Tiers-Etat de 89 et les successeurs des patriciens et des seigneurs était nettement tranchée ; c'était la lutte entre les travailleurs bourgeois et des hommes qui avaient édifié leur fortune par l'esclavage et le servage féodal. Aujourd'hui il faut reconnaître que c'est la bourgeoisie enrichie par le travail, la spéculation, l'exploitation qui doit supporter la lutte contre le prolétaire exploité par quelques-uns, méprisé par quelques autres et réclamant sa place dans l'organisation sociale. La bourgeoisie libre a fait les lois pour elle, rien ne la gêne, et c'est ainsi qu'elle est devenue dominatrice. Que doit demander le prolétariat à son tour ? la liberté qu'on lui refuse, et alors la lutte s'établira à armes égales entre les deux grandes puissances de l'époque, le capital argent et le capital travail.

Le capital, d'après la définition de tous les économistes, ne peut être que du travail accumulé. Mais il serait absurde de croire que c'est simplement l'accumulation du travail d'une personne qui peut devenir un capital suffisant pour constituer la grande exploitation ; c'est d'une part la spéculation heureuse faite avec les premiers capitaux accumulés, l'exploitation du travail d'autrui ; d'autre part, l'association des capitaux individuels dans un intérêt commun. Lorsqu'en 1791 l'Assemblée nationale abolit le privilège des jurandes et maîtrises. les travailleurs libres de droit se trouvèrent de fait obligés de louer leurs services et de réclamer des salaires. Mais ils n'en saluèrent pas moins avec enthousiasme le décret du 2 mars. Les travailleurs de la terre purent acquérir, produire et récolter ; les ouvriers des villes purent se réunir et s'associer. Que nous manque-t-il aujourd'hui ? Je ne crains pas de le dire : le droit de nous réunir et de nous associer, le droit d'unir nos forces pour en tirer parti. Mille ouvriers travaillent dans une fabrique, ils gagnent cinq francs par jour, soit cinq mille francs. N'est-ce pas là une force, un capital ? Ce capital travail n'a-t-il pas droit à la même protection légale que le capital argent ou marchandises appartenant au propriétaire de la fabrique ? Pourquoi les ouvriers ne pourraient-ils pas louer une usine, traiter avec des fournisseurs et travailler pour leur compte ? Le bénéfice de leur travail représente au moins six mille francs par jour, puisque l'exploiteur leur en paie cinq mille. Ce produit n'est-il pas suffisant pour garantir à un propriétaire la location de son usine, à un fournisseur le paiement de ses marchandises ? Mais les ouvriers peuvent-ils s'entendre, se concerter, prendre les dispositions nécessaires pour organiser leur entreprise. Non, certes, ils ne sont pas libres de se réunir, encore moins de s'associer. Ils ne peuvent donc pas tirer de ce capital-travail tout ce qu'ils voudraient. Ils ne peuvent donc pas se concerter pour mettre à leur tête une administration qui remplacerait le capitaliste ; enfin toute liberté est donnée aux exploiteurs pour constituer des sociétés de cent millions et des difficultés sans nombre sont créées par la loi pour empêcher les exploités de résister et de sortir de la situation qui leur est faite.

Les socialistes allemands et quelques socialistes français ont si bien compris cette position des prolétaires, qu'ils n'hésitent pas à dire : il faut que le quatrième Etat s'empare du pouvoir légal par la voie révolutionnaire et prenne la dictature dans l'intérêt de tous. Mais nous l'avons dit, ce moyen répugne à l'esprit français si frondeur et si libéral. Il est du reste douteux qu'il convient à tous, aux ouvriers des campagnes par exemple, partisans déclarés de l'individualisme. Nous demandons simplement la liberté pour tous et la même part de soleil et d'espace. Voyons quels sont les privilèges du capital. J'emprunte les termes de Lassalle :

« Comme avant ce n'était que le travail, à présent ce n'est que l'instrument du travail séparé du travailleur qui est productif, c'est le capital. »

La propriété d'aujourd'hui serait donc, non le fruit du travail du possesseur, mais l'appropriation du travail d'autrui. Cependant il y a un commencement à ces richesses qui se sont accrues par l'agiotage et la bourse, par le placement en actions ou en titres. Si le capitaliste d'aujourd'hui a été heureux dans ses entreprises, il a commencé avec quelque chose, soit avec le produit de son travail, soit avec le produit du travail de son père ou d'un donateur quelconque.

Lassalle le dit lui-même, avant ce n'était que le travail, aujourd'hui c'est l'instrument du travail qui est productif. Cet instrument est né de quelque chose.

Que devons-nous donc chercher, en ce moment du moins, en attendant la solution de la question sociale, qui demande, dit le même auteur, le concours de plusieurs générations, le moyen transitoire le plus modéré et le plus facile. Nous ne voulons pas abolir la propriété mais au contraire introduire la propriété individuelle fondée sur le travail et cela en donnant aux travailleurs des moyens d'action, c'est-à-dire la liberté de former des associations productives avec le crédit *temporaire* de l'Etat ou des Communes.

Ici nous différons du socialiste allemand qui semble toujours vouloir recourir à l'intervention forcée de l'Etat et à la perpétuité de cette intervention. Il faut qu'on donne aux travailleurs la liberté de s'associer et non qu'on les y contraigne ; il faut que l'Etat crée pour les associations une banque de France qui recevra leur papier comme celle qui existe reçoit celui des banquiers et des gros négociants, mais seulement jusqu'au jour où les associations pourront se suffire à elles-mêmes et auront constitué cet instrument productif qui leur manque.

Pour cela, que faut-il, la liberté de la presse pour répandre des idées justes et combattre les idées fausses à l'aide desquelles nos adversaires cherchent à entraîner la République dans une mauvaise voie ; la liberté de réunion qui nous est absolument nécessaire pour faire l'éducation industrielle et commerciale du peuple, la liberté entière et sans entraves de l'association sans laquelle rien ne se fera dans l'intérêt des travailleurs. En 1848 quand le gouvernement décréta la ridicule subvention de 3 millions aux associations ouvrières, trente mille cordonniers se présentèrent pour former une association ; l'association fraternelle des tailleurs était composée de 20.000, celle des ferblantiers-lampistes fut repoussée comme les deux autres et plus tard quand les délégués de l'union fraternelle des travailleurs voulurent se réunir, rue Michel Lecomte, ils furent arrêtés le 20 mai 1850 et condamnés comme faisant partie d'une société secrète. Inutile de faire connaître les péripéties qu'a traversées l'association internationale.

Je sais qu'on va m'objecter tout d'abord que je crée par la banque populaire de crédit un monopole. Je réponds que je ne le veux que temporaire, que cette banque ne repose par sur la fortune de la haute bourgeoisie puisquelle a un point d'appui sur ce que j'appelle le capital-travail, c'est à dire sur la production qui sera le résultat du travail des hommes associés. Si les 20.000 tailleurs qui, à Paris, avaient établi leur domicile dans l'ancienne prison de Clichy et avaient conclu un contrat avec la Ville de Paris pour une fourniture de 100.000 uniformes, avaient pu sur leurs mandats se procurer l'argent nécessaire pour acheter le drap et payer leurs journées, n'auraient-ils pas réalisé un bénéfice, n'auraient-ils pas créé la véritable association productive, pour eux et pour tous ?

On nous dira c'est encore une utopie, une hypothèse à ajouter à tant d'autres ; nous répondrons, ce qui n'est pas un système mais un besoin, ce que le peuple veut et ce que la bourgeoisie dominante devrait lui donner avant qu'on la lui arrache, c'est la liberté, mais la liberté réelle et non celle que nous octroyait M. Bonaparte et que la Constitution de 1875 nous a libéralement continuée ; ce que le peuple veut, c'est de trouver dans le gouvernement républicain un gouvernement protecteur et quand les gros capitalistes de la banque diront aux associations ouvrières que nous donnez-vous en garantie du crédit que vous demandez, l'association leur répondra : Nous vous donnons le travail de 20.000 hommes, ce qui fait cent mille francs par jour, et notre travail vaut bien des actions du Mexique ou des obligations ottomanes. La liberté donc et le peuple libre saura bien se tirer d'affaire, soyez-en convaincu. Pas d'arrière-pensée, pas de restrictions jésuitiques, pas de pièges et de douteuses manœuvres.

Quand les travailleurs seront libres, le règne du capital fera place à celui du travail, si les ouvriers le veulent résolument. Donc, volonté et liberté, émancipation complète de toutes les classes.

Marseille. — Imp. Générale J. Doucet, rue Chevalier-Rose 1 et 3.

www.ingramcontent.com/pod-product-compliance
Ingram Content Group UK Ltd.
Pitfield, Milton Keynes, MK11 3LW, UK
UKHW012121240726
13965UKWH00005B/1898